张丽红

丽红·金色童年创始人

爱自然生命力高级培训顾问

2022 年度杰出教育人物奖获得者

家庭成长服务师培训导师

中国人口文化促进会委员

国家二级心理咨询师

萨提亚心理疗愈师

海灵格家排师导师

TEDx 特邀嘉宾

中央电视台《超越》栏目特邀嘉宾

回响

每 一 个 发 生 都 是 金 色 的

张丽红 著

南方日报出版社
NANFANG DAILY PRESS
中国·广州

图书在版编目（CIP）数据

回响 / 张丽红著. -- 广州 : 南方日报出版社, 2023.10（2024.6 重印）
ISBN 978-7-5491-2758-0

Ⅰ. ①回… Ⅱ. ①张… Ⅲ. ①儿童教育－家庭教育－通俗读物 Ⅳ. ①G782-49

中国国家版本馆 CIP 数据核字（2023）第 199316 号

著　　者　张丽红
出 版 人　周山丹
出版发行　南方日报出版社
地　　址　广州市广州大道中 289 号
策 划 人　柏沐芸
责任编辑　曹　星　黄敏虹
责任校对　熊丽思
责任技编　王　兰
插画绘制　柏露雪
装帧设计　柏露雪
经　　销　全国新华书店
印　　刷　长沙超峰印刷有限公司
开　　本　889mm × 1230mm　1/48
印　　张　5.25
字　　数　60 千字
版　　次　2023 年 11 月第 1 版
印　　次　2024 年 6 月第 2 次印刷
定　　价　58.00 元

让这个世界地动山摇的不是黄金和武器，

而是爱与美好。

怀揣温柔与谦卑去爱和尊重身边的一切。

规则是在生活中“养成”的，

而不是在教室里“教导”出来的。

父母提供的任何经验和技术
都不足以让孩子应付未来社会，
父母唯一能够支持孩子的就是信赖与祝福。

无论贫穷还是富有，

无论健康还是疾病，

只要父母给予了孩子充足的心理营养，

就会赋予孩子前行的底气和力量；

而当孩子心理营养匮乏时，

不用世界拒绝孩子，

孩子自己就会把世界拒绝了！

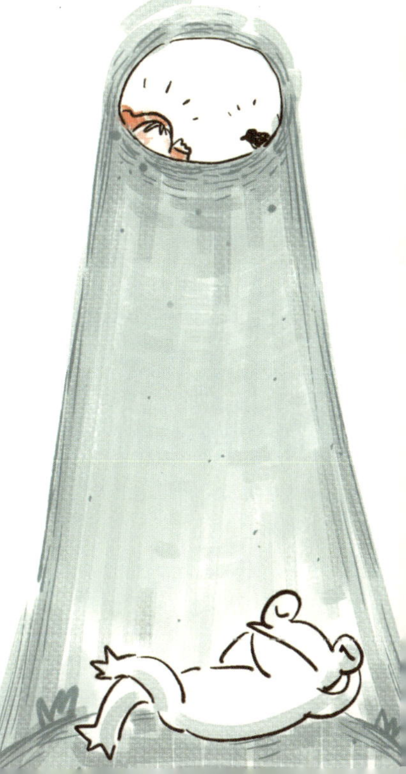

因为看见，所以接纳；

因为接纳，所以允许；

因为允许，所以臣服；

因为臣服，所以慈悲。

此刻，

让我们用全新的体验，

去丈量未来世界的精彩。

修行不是为了遇见佛，

而是为了遇见更好的自己。

世事无常抵不过内心荒凉，

只有经由内在的成长，

才能应对外在一切的无常。

一个生命最大的使命

是让自己成为一个喜悦的存在。

父母的爱不仅是用来回报的，

更是用来荣耀的。

内心没有恐惧、没有企图，

生命才是自由的。

儿童发展就愉悦，不发展就痛苦。

一个人童年获得多少爱，

决定着这个人未来会长成什么样子。

我们要像欣赏万物那样

去接纳、享受一个生命在不同时期的不同状态。

有一种爱叫做守望生命，

有一种爱叫做陪伴成长。

父母必须意识到磕磕碰碰都是成长的一部分，

成长是有风险的，

而成熟的人是有心理能力承受一定风险的。

当父母拥有绽放的生命状态时，

便可以引领孩子走向光明。

决定关系之树

到底是趋于繁盛还是走向衰败的核心因素，

就是处理差异与冲突能力的高低。

爱只有表达出来，

才能滋养关系、滋养生命。

教育就是唤醒孩子内在的真善美，

而爱彰显着最大的善。

人生不是一场物质的盛宴，

而是一场精神的修炼。

让爱发生在你的心中，

而不是头脑里。

爱就是尊重每一个孩子都是一个独立的个体，

爱就是允许孩子成为 TA 自己。

当生命充满激情时，

就会选择困难与冒险；

当生命缺乏激情时，

则会选择舒适与安逸。

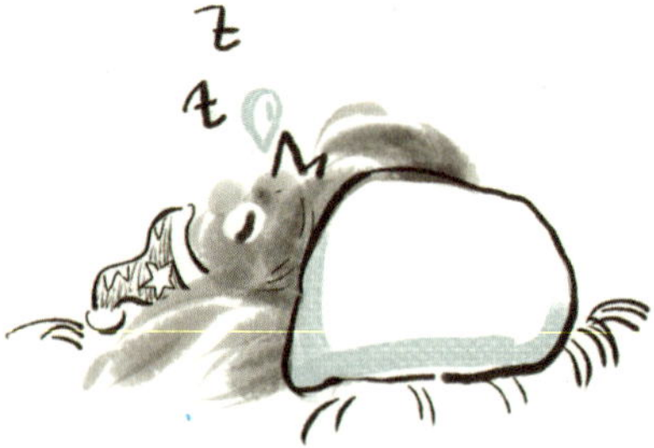

用你的爱把你爱的孩子推进这个世界，

让他们去经验、去成长，

这样做，你才是真正懂得爱的父母。

父母和教育者越在生命源头做功课，

就越能达到四两拨千斤的效果。

儿童的生命是一块土壤，

不种植鲜花就会生长野草。

每一个生命都值得被爱，

每一个生命都值得被温柔以待，

每一个生命都可以如群星般熠熠生辉，

祝每一个孩子都可以在爱中成长。

爱是生命的土壤，

爱是生命的阳光，

爱是生命的一切……

在最深最深的谷底，

在最黑最黑的深夜，

也是最接近爱与光的地方。

当爱经由“我”流向你，而“我”枯竭了，
这份爱就成了镶嵌在别人头颅上的皇冠，
看似冠冕堂皇，实则让人痛苦不堪！

接纳就是

“我可以不喜欢，但我允许它发生”，

只有这样的接纳才是真正的放下。

宽恕别人就是善待自己。

当我们的情绪越来越丰富的时候，

我们生命的维度就会变得更加宽广，

生命本身亦会丰盈起来。

用健康的方式来解决我们的冲突与差异，

而不是恶语相加地刺痛对方，

健康的方式就是

在爱中而不是在争吵中向对方提出异议。

每个人都需要被接纳、被欣赏、被认可、被关注，

活得有意义、有价值，

拥有自由、安全感，

这不仅是人类的心理需求，

也是这个世界永恒不变的话题——爱与被爱。

以人为本——就是用知识把生命建构得更好，

而不是为了知识牺牲掉人，

让教育因爱而生，为爱而存！

父母相爱是孩子一生幸福的底色。

父母和教师是孩子成长道路上的
陪伴者、倾听者、协助者、引领者。

接纳自己，是对生命最大的温柔。

教育不是填鸭式的灌输，

而是引导孩子去亲身经历和实践，

只有最真实的体验感知和创造出来的美的力量，

才能让孩子挖掘到智慧的源泉。

爱是你内在的潜能，

你可以用爱将自己提升至无限的高度。

让孩子在“接近自然、解放天性”的环境中生活，

是为了培养出双脚强劲地站在大地上，

所有行动都贯穿自我意识、情感、思考的强大儿童。

爱不应该是我们的奢侈品，

它应该成为人类生活的必需品。

爱的本质是给予。

如果父母懂得孩子只有“区别”而没有“差别”，

那么，他们就能看见“每个生命都是独特的”。

“有爱、有力量、顽皮”的父母

会让孩子热爱生活、拥抱世界，

也更容易支持到孩子的成长。

现在，父母如果能够站在国际的平台上看待教育；

未来，孩子就能够站在世界的中心创造生活。

教育不是为分数服务，而是为生命服务。

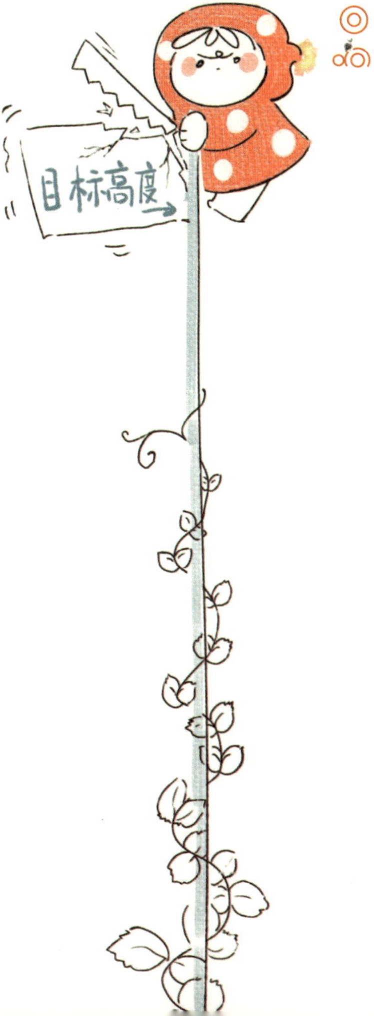
目标高度

家庭关系中夫妻关系大于一切，

夫妻和睦、互相尊重，

这样孩子就会对父母怀有敬畏感，

家庭就会更加和谐美满。

生命的丰盛在于你把自己的经历变成了成长的资源。

要让七岁之前的孩子知道：

我是安全的，成人是友好的，世界是值得信赖的。

如果你决定不生气，

这个世界上就没有人能够让你生气。

孩子的热情就是孩子的宇宙导航仪，

孩子的热情就是孩子的天赋才华所在，

当天赋被点燃的时候，

孩子的生命将会呈现出无需证明的强大。

规则最大的魅力在于平等。

教育热引发房地产热，

这是一种独特的经济现象，

由此可见，父母对孩子的爱之深厚，

以及这份深厚背后所潜藏的强大力量。

当方法正确时，这股力量可以转化为对孩子的支持，

但当方法错误时，亦可能转化为对孩子的伤害。

智慧的人拥有外部世界广博的知识，

同时也拥有内在世界的全然觉知。

生命成长最基础的部分是身体，

当成长到高级阶段，就会追寻爱和精神，

这也是人和动物最大的区别所在。

爱本身就可以转化成至高无上的力量，

所以，在恐惧里放上爱，就会成为勇气。

养育孩子的目的是为了见证一个生命的成长。

拒绝不是伤害，

带着情绪允许，才是伤害。

孩子要用漫长的童年来建构一个强大的自己。

有一种爱可以赋予别人力量，

有一种爱可以剥夺别人力量。

拧巴式养育：

一方面期待孩子是全世界最优秀的，

一方面又认为孩子是全世界最糟糕的。

现代父母的两难处境：一只脚踩在过去，

而另一只脚正步入未来。

过去的传统方法已不能用，

而现在，“民主”对父母来说又只是一个概念，

还无法完全在生活中应用。

不带评判地允许每个存在，你就会生活在爱里。

每个生命从被激活的那一刻起，

就已经拥有了属于自己的位置，

这个位置是孩子的生命之源、爱之源和力量之源，

所以，每个孩子生来都有权利知道自己的生命真相。

为了避开受伤所以避开成长，

那么，保护你的就会禁锢你，

成就你的也会伤害你。

我们的生活

只不过是我们不断做出的有意识或无意识选择的总和，

无论是否愿意，

我们都是在直接或间接做出选择。

慈悲不是为了减轻痛苦，

而是为了引领人们来到真相面前。

父母是最好的老师，家是最好的学校，

餐桌是最好的生活课堂，亲情是最好的心理营养。

内在的王者不是征服别人，而是征服自己。

人不会因为“知道”而改变，

只会因为“被触动”而改变。

上瘾就是你对一件事“厌恶并渴望”，

它精巧地掌控我们的多巴胺，收割快乐，囚禁时间；

凡是让你上瘾的东西，必定也会让你痛苦；

浮华的快感背后，其实是我们未经审视的空虚。

我们并不期待一夜之间一切都改变，

我们期待改变能在生活的细节中逐渐形成。

点点滴滴，日积月累，生命就会向着美好的方向发展，

越来越自由与成熟，从而绽放在爱和善良之中。

当别人的痛遇到了你的恐惧就变成了怜悯，

当别人的痛遇到了你的爱就变成了慈悲。

当你在恐惧里，就容易听到魔鬼的声音；

当你在爱里，就更容易听到天使的声音。

真正的爱是心甘情愿地付出、不求回报，

同时又坦然地照顾好自己。

每个孩子都是落入凡间的精灵。

成人的时间是用来珍惜的，

儿童的时间是用来“浪费”的。

没有爱的力量是暴力，没有力量的爱是溺爱。

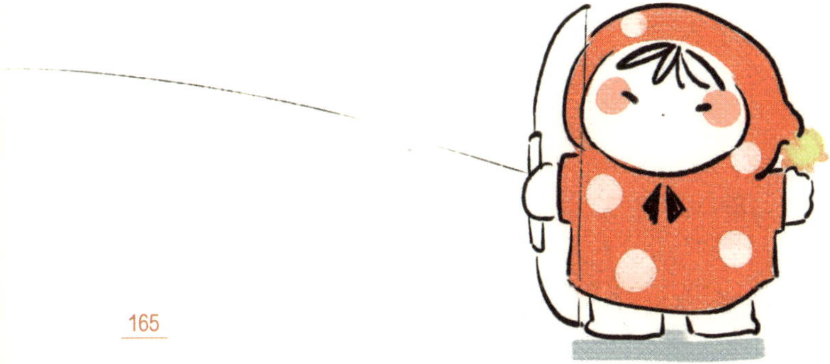

尊重孩子的成长规律、成长节奏，

就是尊重万物的生长规律，尊重自然法则……

一个个体生命的成长，

浓缩了人类整体进化的历史和秘密……

欲望是要求的能量，

而爱是给予的能量。

回报也许不会在付出后立即出现，

但只要你持续活在爱中，

也许在不经意的某个瞬间它便会盛装莅临。

无论经历怎样的苦和痛，

都不能成为我们不成长的理由。

觉知是疗愈的第一步，

当我们开始觉知自己、探索自己、成长自己，

我们人生翻转的时刻就到了。

人生不是对未来的追求或对过去的担忧，

而是对当下的珍惜。

如果情绪发展得好，

它就会成为“我”的一部分并由“我”掌控；

如果情绪没有发展好，它就会变成“我”，

伤害自己或他人。

我们必须在生活的点点滴滴中

体验爱、经历爱、获得爱、成为爱。

爱不是一个词汇，不是一个概念，

而是一种真实的生活经历和体验。

尽力是生命最好的答卷。

规则不是为了控制孩子，

而是为了更好地支持孩子成长。

真正的高手不是解决问题有多厉害，

而是让问题发生的机会都没有。

当你真正允许自己或他人经验痛苦，

百分百没有退缩，没有逃避，被痛苦淹没的那一刻，

你将会发现，在痛苦的谷底，

有一份宁静发生了。

无条件的接纳不代表无条件的允许，

无条件的接纳不代表无条件的满足。

父母可以给予孩子精美的礼物、

丰盛的食物以及舒适的照顾，

但是“我能干”、成就感和自信，

只能经由孩子自己经验得来。

生命所需要的不仅仅是知识，

还要有热烈的情感和源源不断的能量。

· 早睡早起
· 每天必须锻炼
半小时
· 要好好吃饭.
· 每天可以喂小
2个苹果.

规则要符合人性，并让人终身受益。

成熟的人是有能力做出选择并为自己的选择承担后果的。

物尽其用是对这个星球最大的尊重。

问题不会经由解答而减少，只会经由成长而变少。

臣服父母是一种谦卑的行为，

它意味着

允许经由父母来到我们面前的，或沉重、或纠缠的命运，

而不在内在做无谓的评判与阻抗。

生命只有基于被爱，才愿意更顺从；

生命只有基于被爱，才愿意被引领；

生命只有基于被爱，才愿意变得更美好。

只有儿童自己创造、体验出来的认知，

才能够沉淀下来，并为其未来的生活服务。

平和坚持就是

“尽管我拒绝了你，但是我依然爱你”。

让孩子在爱中成长，

就是要在爱的背景下，

建构孩子的身体、感觉、认知、情绪、心理和精神。

徒有其表者仅为佳丽，

照耀世间者方为女神。

——致敬特蕾莎修女

一个真正丰盛的人，

不是看他拥有多少，

而是看他愿意放下多少。

生命是一颗种子，

本身就蕴含着一个内在的成长计划。

生命力不在外在的世界创造，

就在内在的世界消耗。

天堂不是一个地理位置，

而是一个人“此时此刻”的内心体验。

你喷洒在外面的火，也会在你体内以同样的强度燃烧；

不管别人是否被激怒，愤怒的火焰肯定会把你灼伤；

在外面用来砍人的剑，也会用同样的力度砍向你自己；

记住，这是一把双刃剑。

和繁重的工作一起修行。

工作并不只是为我们，

也是为孩子们，为新人类的出现创造条件；

让孩子们未来既能像希腊人左巴一样享受尘世的乐趣，

又能像佛陀一样宁静。

拥抱父母，就是拥抱无限的自己。

婚姻需要经营，幸福需要刻意练习。

强大，不是握紧拳头，攻击他人；

而是放开双手，拥抱世界。

祝福每一个孩子经由更好地发展自己，

而让生命以最柔软、最美妙、最喜悦、最智慧、

最充满爱、最具有临在觉察的状态和谐地盛开，

让儿童成为最具潜能的，美好生活、美好世界的创造者！

生命的恩典在于把痛苦的经历转化为成长的催化剂，

而非绝望的理由。

当我们超越了“是非”“对错”的两极时，

我们就成为了爱；

当我们超越了索取与付出的二元对立时，

我们就成为了慈悲。

儿童是家庭的未来，

是社会的未来，

也是世界的未来；

新的时代让我们用新的教育意识来迎接他们，

让我们用点点滴滴的爱，

用自由的精神，

用尊重生命的法则来迎接他们！